CHANSON NOUVELLE,

Qui distingue les Noms des Généraux de France, sur l'air : *Elle sera soufflée, &c.*

Quelle dévoluë aujourd'hui,
En France & dans tout le pays !
Grand nombre de Têtes couronnées
Sont en guerre cette Année ;
Nos François, très-bons guerriers,
s'en vont pour cueillir des Lauriers.

Nous avons des bons Généraux
Qui soutiendrons jusqu'au tombeau ;
Marchant comme des fils de Mars,
sans craindre périls ni hasards :
Louis l'appui des étendarts
se fera renommer vrai Cesar.

Noailles très-bon Général,
Ira dans les siéges & batailles,
Comme Alexandre grand guerrier ;
A la tête des Grenadiers,
Marche d'un courage animé

A

Pour la gloire de sa Majesté.

Le Roi de France a cette année
Bien huit cens mil hommes sur pied
Divisez en trois Corps d'armée,
Dont ils seront bien commandez ;
Il est sûr que le Prince de Conty
Fait des merveilles en Italie.

Un Chacun prend les armes en main,
Pour combattre tous ces mutins :
Disant, il nous faut cette fois
Soumettre messieurs les Anglois ;
Marchons tous d'un cœur de Lion
Pour l'intérêt du grand Bourbon.

Nous avons des Bombes & Canons,
Poudre & boulets, bales de plomb,
Pour canarder les Albions,
Qui sont remplis d'ambition :
Des Canonniers & Bombardiers,
Qui les reduiront sans quartier.

Les Anglois très-ambitieux
Esperent de monter aux Cieux,
S'imaginant avec les Hongrois
De faire ébranler les François :
Cette année le brave Bourbon
Les pourra mettre à la raison.

Il nous faut prier le Très-Haut
Qu'il conserve nos Généraux,
Que les François soient en tous lieux
Toujours les victorieux :

Crions & repetons cent fois,
Vive à jamais notre bon Roi.

FIN.

CHANSON NOUVELLE,

sur l'air, *De frise Mulet.*

Aimable Suson,
Profitons de cette fougere ;
Aimable Suson,
Me répondrez-vous toujours non ?
Reponse.
Non, Colin, j'appellerai ma mere,
Ha ! qu'osez-vous faire ?

Quoi ! pour un baiser
Faut-il se mettre en colere ?
Quoi ! pour un baiser ?
Si j'allois donc recommencer :
Non, Colin, j'appellerai ma mere, &c.

Sous votre mouchoir
Vous me cachez quelque mystere :
Sous votre mouchoir
Je veux que vous m'y laissiez voir :

Non, Colin, j'appellerai ma mere, &c.

✿

Quels tresors je vois !
Non, rien n'est si beau sur la terre ?
Quels tresors je vois !
Voyez l'effet qu'ils font sur moi :
Non, Colin, j'appellerai ma mere, &c.

✿

Tant soit peu plus bas,
Si vous ne m'étiez pas contraire,
Tant soit peu plus bas,
J'irois chercher quelqu'autre appas :
Non, Colin, j'appellerai ma mere, &c.

✿

Malgré vos efforts,
Je touche au Verger de Cythere ;
Malgré vos efforts
Me voilà maître du dehors :
Non, Colin, j'appellerai ma mere, &c.

✿

Dans ce beau Verger,
Si vous ne m'aidez pas, ma chere,
Dans ce beau Verger,
Je tâcherai de pénétrer :
Non, Colin, j'appellerai ma mere, &c.

✿

Enfin, m'y voici,
Puis-je y rester
Sans vous déplaire ?

enfin, m'y voici :
Cher Cholin, tu me fais plaisir ;
Ha ! qu'oses-tu faire ?

FIN.

CHANSON NOUVELLE.

Sur la Victoire remportée par l'Armée de France & d'Espagne, sur l'air : Le Peintre en est réjoui, &c.

A Gorge déployée,
Publions la Victoire
Depuis peu remportée
Par ces braves Guerriers :
L'armée du Roi d'Espagne,
Fortifiée des François,
Ont mis les troupes de Sardaigne
Aux abois.
Malgré tous leurs travaux,
et montagnes effroyables,
Nos fameux Généraux
Sans craindre le tombeau,
Ont levé tout obstacle
Le vingt du mois d'Avril
Leurs ont donné un bal
Joli.

Tous leurs retranchemens,
Rempatts & palissades,
Ont été sur le champ
Remportés vaillamment,
Forcés en contre-escarpe,
Le Fort de Montalban,
Avec leur Général
   Dedans.
Toutes les deux Garnisons
Du Fort & Citadelle,
De Villefranche appellée,
Sont tous faits prisonniers
Cinq Bataillons en outre
Ont eus le même sort,
Et les autres en déroute
   Et à mort.
Cent vingt piéces de Canon,
Toute l'artillerie,
Boulets, bombes & mortiers,
Ils ont tous gagnez :
Tout le Comté de Nice
Voyant cette action,
Se sont rangez vîte
   A la raison.
Deux Princes accomplis
A la tête des Troupes,
L'un cousin de Louis,
Et l'autre son Beau-fils :
Tous deux remplis de zéle,

De droit & d'équité,
Châtirons les rébelles
  Obſtinez.
 Montrons-nous bons ſoldats,
Pourſuivons nos conquêtes
Au milieu des combats,
Et bravons le trépas :
Les Troupes de Sardaigne
Ne ſont rien devant nous :
Cette Nation eſt vaine
  Par tout.
 Chantons vive Louis,
Et joignons nos prieres
A ceux du Grand Bourbon,
En chantant TE DEUM :
Prions Dieu d'un grand zêle,
Eſpagnols & François,
Que du Ciel nous envoye
  La paix.

FIN.

CHANSON nouvelle de Guerre,
 Sur un air nouveau.

LE Prince de Conty, choſe aſſurée,
 Dedans Nice à fait ſon entrée
A la tête de ſon Armée :

Il va & chamaille
D'estoc & de taille,
Il fait fuir les ennemis
Comme un Troupeau de Brebis.

A Villefranche étant arrivés,
Ils prirent le Général d'armée,
Là où il fut bien étonné
De se voir sans doutance
Prisonnier de France :
De Suse dit à cette fois,
Je suis pris par les François.

Les Piémontois sont ébahis
De voir leur Général pris
Par le Conquérant Prince Conty,
Plusieurs étendarts,
Citadelles, les ramparts,
Avec le Gouverneur dedans,
Et le Fort de Montalban.

Malgré leurs Forts & tenaillons,
Les demie-lunes & bastions,
Ces bons guerriers comme des lions,
Ont forcez sans doute
Leur puissante redoute,
Et ils ont montez à l'assaut,
Dessus ont plantés leurs Drapeaux.

Tous nos François, braves soldats,
Soutienent sans craindre le trépas,
Montrant leur vaillance au combat :
Et nos braves Gendarmes
Vont d'un cœur plein de charmes ;
Vous ont fait voir pour le certain,
Qui trop embrasse mal-étraint.

Que pouvez-vous donc esperer
En allant contre l'équité ?
Dans le Proverbe est mentionné,
Que l'homme propose,
Et le Seigneur dispose ;
Mais le grand Juge souverain
A fait voir son pouvoir divin.

Grands & petits, offrons des vœux
Au Monarque du Roi des Cieux,
Pour que la paix regne en tous lieux :
Faisons des prieres
D'un amour sincere,
Pour qu'elle soit juste & de durée ;
C'est ce que nous devons désirer.

FIN.

AUTRE.

Sur le départ de la Maison du Roy, sur un air nouveau.

LA Maison du Roi
Marche en grande joie,
Les Mousquetaires
S'en vont sans effroy
Attaquer le Roi Anglois
Ils partent tout d'un pas leger
Sans faire de mystere.
   Ayant connu votre mauvaise engeance,
Et votre insolence,
Il vous souviendra
D'un tel fracas
Fait à la France :
Votre ambition
S'est fait voir au port de Toulon.
   Ce n'est point le fait d'un homme sage
Faire tant de saccage :
Sa témérité a insulté
Et fait outrage
Au grand Roi Louis,
Puisqu'il détracte les Edits.
   Mais les Anglois, Nation rebelle,
Sont très infidéles,

Dans les conclusions,
Le grand Bourbon,
Rempli de zêle,
Ne défire rien
Que la paix des Princes Chrétiens.
 Il dépend de l'honneur de la France,
et de sa puissance,
De vous faire sentir
Par raison sa juste vengeance
Se fera resentir,
Sans doutance il vous fera fléchir.
 Nous avons pour le combat Naval
Premier Général,
Le Duc de Pentiévre,
Dessus la mer Grand Amiral,
Voguant sur les flots
A la tête des Matelots.
 Il espere ainsi qu'à Cartagene,
Vous perdrez vos peines,
Il vous fera voir
Que vos entreprises sont vaines,
Il a des soldats
Qui se font valoir aux combats.
 Vous sçavez que nos François habiles
Sont toujours subtils,
Vaillans aux combats,
Jusques aux trépas,
Sont invincibles
Pour le grand Bourbon.

Soutiendrons d'un cœur de Lion.
  Supplions tous d'amour & de zêle,
Peuple très-fidéle,
Offrons mille vœux
Au Roi des Cieux,
Comme une Abeille :
Le Dieu Tout-puiſſant
Rendra les François triomphans.

FIN.

Permis d'imprimer & colporter : A Paris ce 23 May 1744. MARVILLE.

CHANSON NOUVELLE
de la Guerre.

Sur un air nouveau.

Quelle est votre raison,
Hanovre d'Angleterre,
De venir faire la guerre
Dedans nos environs ?
Car les François sans doute,
Vous donneront l'assaut,
Et mettrons sans doute, *bis.*
Toutes vos troupes au tombeau.

Bouchain, ma chere amie,
Je reviens d'Angleterre,
Où j'ai mis pied à terre,
Croyant te conquerir ;
Mais je vois bien, la belle,
Que tu aime ton Roy,
Te regardant, cruelle, *bis.*
Je suis en désarroi.

Changez votre dessein,
Et vos regards futurs :
Malgré toutes vos postures

Je soutiendrai sans fin ;
Car je suis de la France,
L'objet de ses amours :
La juste reconnoissance, *bis.*
C'est de l'aimer toujours.

Pourquoi me refuser ?
Je sens mon cœur enflammé,
Qui brûle dedans mon ame,
Admirant ta beauté,
Nuit & jour je soûpire
De me voir delaissé,
C'étoit tout mon dessein *bis.*
D'être ton bien aimé.

Tous vos discours flatteurs
Sont vains & inutiles,
Cherchez un autre azile,
Je le dis d'un bon cœur,
Que toutes vos maniéres
Ne gagneront rien de moi :
Retirez-vous arriere, *bis.*
J'aime bien mieux mon Roi.

Tu veux donc résister
Aux efforts de mes armes,
Crains-tu point mes Gendarmes,
Qui viendront t'assieger ?
Faudra que tu te rende
A l'éfort du canon ;
Je ne puis plus attendre, *bis.*
Finis tant de façon.

Si tu as des Canons
Pour jetter dans ma place,
J'ai des bombes & carcasses,
Qui te diront mon nom;
Je m'appelle invincible,
Et sans appréhension,
Mes Généraux habiles,   *bis.*
T'en feront voir la raison.

   Adieu ingrate, adieu,
Objet de ma tendresse,
Je m'en vais en tristesse,
En partant de ce lieu,
Tous mes braves Gendarmes,
Te regrettent avec moi
De voir que tu me brave,   *bis.*
Me refusant ta foi.

FIN.

Chanson nouvelle, sur l'arrivée du Roi de France, & sur les Victoires que les François ont faites sur la Mer: Sur l'air : Du Meige en est bien aise.

LE Monarque Louis
Fait voir aujourd'hui
Sa puissance,
Marchant en vrai guerrier
Cueillir des Lauriers,

Aussi des Palmiers,
Pour le certain,
Il va d'un grand train
Rempli de vaillance
Comme un Cesar,
Sans craindre le hasard.
    Le Maréchal de Noailles
Va d'un cœur loyal,
Sans doutance,
Par son commandement
Sera triomphant
Comme auparavant ;
Tremblez, Anglois,
Reine des Hongrois,
Le grand Roi de France
Est irrité,
La chose en est assurée.
    Notre puissant Bourbon
A des bons canons,
Et bombardes,
En guise de bassons
Et de violons,
La poudre & le plomb
Vous foudroyerons
Sans nulle façon :
Quelle serenade !
Nos Bombardiers
Vous ferons bien danser.
    Nos braves matelots

Voguent

Voguent sur les flots
Vont sans crainte
Par tout vous attaquer
Dans tous vos Quartiers,
Vous font contribuer ;
Quinze Vaisseaux
Ont pris sur les eaux,
Chargés de toile peinte
Et d'Indigo,
Et du Poivre à gogot.
 Huart, Dormicourt,
A pris l'autre jour
Un Navire
Qu'on appelle Dauphin :
C'est un bon butin
Fait un matin,
L'ayant rendu
Pour six mille écus :
Il se mit à dire,
Voilà Anglois,
La valeur des François.
 Nous avons du Tabac,
Et du Chocola
En délices
Pour fumer le matin
La pipe à la main,
Chassant le chagrin,
Nous en boirons,
Et nous fumerons,

Emplissant nos pipes
Soir & matin,
Buvant le Brandevin.   F I N.

Chanson nouvelle, sur la Déclaration de guerre contre la Reine de Hongrie, Sur l'Air De la Brunette.

LE Roi de France à cette fois
Fait prendre les armes
A tous ses Gendarmes ;
Attaquant la Reine de Hongrois
Dans tous cantons, en tous endroits :
Ils s'en vont d'un cœur plein de charmes,
Pour accomplir l'Ordonnance du Roy :
Ils disent, marchons donc tous sans effroi
Pour mettre l'ennemi aux abois.
   Je vous le dis en verité,
Que votre insolence
M'a mis en outrance ;
Dans ce cas je suis obligé,
D'attaquer votre Royauté :
Ne doutez point de ma puissance,
Dans la raison je suis plein d'équité :
Pourquoi donc voulez-vous usurper
Les droits d'autres Têtes couronnées ?
   Mes Généraux de grand renom,
Remplis de sagesse,

Joints à la politesse,
Vous feront connoître la raison :
Si vous l'ignorez sans façon,
Malgré vos subtiles finesses
Et vos intrigues remplies d'ambition :
Jamais esprit de contradiction
Ne veut entrer dans la raison.

    Pourquoi ces écrits scandaleux,
Que vos Ministres
Inonderent l'Autriche,
Dont les regards sont pernicieux ?
Ce point est bien audacieux :
Ayant reconnu la critique,
Pour détourner votre mauvais dessein,
Tout d'abord j'ai pris les armes en main,
Pour soumettre la rebellion des lutins.

    Malgré vos discours enjouez,
Toutes vos maniéres,
Au sujet de Bàviére,
Je vous le dis en verité,
J'aime le cœur plein d'équité,
Je hais les détours de derriere :
Voilà pourquoi dont je suis obligé,
Et c'est ce qui contraint ma volonté
De me livrer à la cruauté.

    Vous vous imaginez, hélas !
Dompter toutes les Cours,
Avec vos beaux Pandoures :
De nous mettre dans l'embaras :

Ou bien de nous rendre hors d'état
De pouvoir combattre en bravoures;
Mais détournez de vous cette idée-là,
A la tête de mes braves Soldats,
Vous verrez la force de mon bras.
   Nous esperons en peu de tems
Entrer dans Mons
Pour y boire du Ponce,
Soldats de tous les Régimens,
Nous en boirons notre content,
Du bon tabac à un sol l'once,
Pour nous fumer le soir & le matin,
Du Saint Vincent ou bien du St Domin-
    gue,
Du Canasse & aussi du Verzin.
   Prions Jesus à cœur ouvert,
D'amour sincere,
Pour que l'union entiére
Regne dedans tout l'Univers,
Parmi les Princes de la terre :
Nuit & jour offrons nos prieres,
Et faisons des Sacrifices divers,
Pour que le Ciel nous envoye sur la ter-
    re,
La paix pour nos vœux satisfaire.

F I N.

Chanson nouvelle d'un Soldat nommé la Verdure, revenant de l'Armée par Congé absolu, ayant fait un butin sur les Anglois, vient pour épouser sa Maitresse, Sur l'air : De la nouvelle Houssarde.

BOn-jour ma chere Catin,
Je reviens d'Allemagne,
Mon aimable campagne,
Ayant passé le Rhin,
Pour combler tes désirs,
Je viens pour accomplir
Ma fidelle promesse,
Ma très-chere Maîtresse,
Prends part à mes plaisirs.

Surprise dans ce jour
De te voir & t'entendre :
Ha, qui pourroit comprendre
Ma joye & mon amour !
Je te croyois perdu,
Quand mes deux yeux t'ont vû :
Apprends-moi, la Verdure,
Par quelle bonne avanture,

Tu t'en est revenu.

Pour te dire, ma Catin,
Comme je suis hors des Troupes,
Je t'apprendrai sans doute,
Que j'ai fait un butin
Dessus nos ennemis,
Par un courage hardi,
Dedans une défaite,
Sans tambour ni trompette :
Ecoute - moi, ma mie.

J'étois un des premiers
Dedans une bataille,
Ou qu'on coupe & qu'on taille
Sans donner de quartier :
Tout tomboit à mes pieds,
Tant tués que blessés,
Des troupes d'Angleterre,
Je fus jetté par terre,
On me croyoit tué.

Cette attaque passée,
Chacun gagnant la plaine,
Moi je repris haleine,
Me levant sur mes pieds,
Je fus saisi d'abord,
D'y voir tant de corps morts :
Mais je repris courage,

Pour trouver un passage,
Je fis tous mes efforts.

❀

Je fus bien étonné
De voir dessus la terre
Six Milords d'Angleterre,
Dans cette affaire tués,
Moi, qu'ai-je fait alors ?
Voyant qu'ils étoient morts,
Je leur ai pris leur bourse,
J'y trouvai pour ressource
Bien six cens Louis d'or.

❀

Heureux dedans mon sort,
Joyeux dedans ce rencontre,
Je leur trouvai cinq montres,
Deux d'argent & trois d'or :
Je m'en fus promptement
Joindre mon Régiment,
Trouvant mon Capitaine,
Lui demandant sans peine
Mon congé pour argent.

❀

Pour cent & trente écus,
J'eus mon congé, la Belle.
Puisque tu m'est fidelle,
Tiens en voilà bien plus :
Prends donc tout cet argent,
Le Ciel t'en fait présent.

Pour nous mettre en ménage,
Faisons-en bon usage.

❈

Vivons tous deux contens,
Moi je te croyois mort,
N'ayant de tes nouvelles,
Ou que quelqu'autre belle,
Auroit changé ton sort :
Je pleure nuit & jour
L'objet de mes amours;
Mais ton retour me charme,
Je vais tarir mes larmes,
Pour t'aimer à mon tour.

❈

Jettes-toi dans mes bras,
Cher objet de ma flamme
Je deviendrai ta Femme,
Si-tôt qu'il te plaira,
Pour t'exprimer ma joie,
A ta santé je bois :
A toute l'Armée de France,
Le Ciel soit sa défense;
Vive, vive le Roy.

FIN.

Permis d'imprimer, à Paris ce 30 May, 1744. *Signé*, MARVILLE.

www.ingramcontent.com/pod-product-compliance
Lightning Source LLC
Chambersburg PA
CBHW062005070426
42451CB00012BA/2687